El Arte de Evangelizar Hombres

Dr. Natanael Valenzuela

El premio de los buenos es la vida misma, y el premio de los sabios es el aprecio de la gente.

Proverbios 11:30

Traducción en lenguaje actual (TLA)

DEDICATORIA

A cada iglesia, madre, padre, hija, hijo, hermano o hermana que toma responsabilidad de ganar un hombre para Cristo.

sepa que el que hace volver a un pecador del error de su camino salvará su alma de muerte, y cubrirá multitud de pecados. (Santiago 5:20. BDLA)

Contenido

RECONOCIMIENTOS

¡Reconozco que solo el amor de Cristo me sostiene!
Que cada día debo agradecerle por sus favores y misericordias.

"Alzaré mis ojos a los montes; ¿de dónde vendrá mi ayuda?
Mi ayuda, apoyo, soporte y vida vienen de Dios que hizo los cielos y la tierra"
Salmo 121: 1-2

Introducción

Ganar almas para Cristo es importante para los que conforme a su propósito son llamados. (Mateo 28:19). Sin embargo; no debemos hacerlo por obligación, más bien por amor a las almas. Así como Él te amó a ti y te escogió para dar buenas nuevas. Nosotros que con gozo y alegría le recibimos, así mismo debemos compartir aquello que por gracia nos fue dado. Amor y compasión por las almas. **Esa es la clave de ganar almas para el Señor**.

Fuera de la iglesia hay muchos hombres necesitados. Que se han apartado del Señor, hombres destruidos, tristes, abandonados al igual que hombres en toda el área de la vida que necesitan del Señor. Lo que me motiva a predicar las buenas nuevas con denuedo y pasión es por haber sido inyectados por el Espíritu Santo en el momento que recibimos ese sello del Señor. Es ahí donde esa inyección hace su efecto y nos inquieta de una manera tan apasionada a predicar aquello tan hermoso que nos pasó con nosotros al tener aquel maravilloso encuentro con Dios. Esa inyección nos llena de amor y compasión para con aquellas personas que aún no tienen la gracia Dios. Aquello que te fue dado por Gracia y eres inquietado a testificar de su grandeza.

El espíritu Santo hace el trabajo de convencer al pecador de su falta y es cuando es liberado por el poder de Dios.

Nuestra exhortación es que oremos a Dios para que nos permita alcanzar aquellos a nuestro lado.

¿Quiénes son los hombres más cercanos a nosotros?

¿Quién está en tu Jerusalén, Judea, Samaria?

Te invito a trabajar para Dios.

Dr. Natanael Valenzuela

NY. Marzo, 2021

PARA COMENZAR EL MINISTERIO DE HOMBRES

LIDERAZGO

El Ministerio de hombres de una iglesia provee a los caballeros de una hermosa oportunidad de participar en la construcción de una fe común con fuertes lazos interpersonales al adquirir un compromiso para edificar a otros a través del Discipulado y del estudio de la Palabra de Dios y al traspasar las puertas de la iglesia para alcanzar a hombres que no conocen a Cristo.

El Ministerio de Hombres debe:

☐ Mantener su énfasis en edificar relaciones de trabajo y respeto entre los hombres de la iglesia, nutriendo esas relaciones por medio de eventos que promuevan la comunión entre ellos y de oportunidades para una relación más profunda.

☐ Apoyar a los hombres que trabajan en algún ministerio dentro o fuera de la iglesia y animar a otros a que acepten el llamado de Dios al ministerio.

☐ Observar las necesidades de la comunidad en la que la congregación está localizada, desarrollar programas que apunten a suplir esas necesidades y proveer a los hombres de oportunidades para hacer vínculos con esa comunidad que atraigan nuevas personas a la iglesia.

Beneficios de tener un ministerio de Hombres en la Iglesia:

1.   Los hombres crecen en sus relación personal con el Señor
2.   La iglesia crece en número
3.   Nuevos hombres encuentran su lugar en el ministerio
4.   Los hombres son desafiados a descubrir, desarrollar y usar sus dones espirituales.
5.   Los hombres consiguen ayuda en sus luchas espirituales
6. Los hombres desarrollan un espíritu de compañerismo.

División del Equipo del Ministerio de Hombres:

Responsabilidad del Pastor de Área.

El Pastor de Área es un miembro en pleno ejercicio de membrecía (ver condiciones membrecía en la IGLESIA) y convicción estatutaria y disciplinaria de la Congregación Candelero de Dios, con las facultades de ser líder o ejercer un liderazgo dentro de la IGLESIA, estas facultades son otorgadas por el Pastor General de la IGLESIA.

La definición o posición de Pastor de Área podría ser representada por un Ministro Ordenado, un Candidato Ministerial, Diácono o Laico Líder en la IGLESIA.

A.) Responsabilidad Personal.

El Pastor de Área ha de ser una persona con características ejemplares para el desempeño de las funciones que va a ejercer. Que su conducta cívica ante la sociedad esté enmarcada por las leyes vigentes del país residente y que su vida personal y familiar esté regida y direccionada como el Evangelio de Nuestro Señor Jesucristo lo establece.

B.) Responsabilidad Ministerial.

Por lo general el Pastor de Área posee más responsabilidades que otros Líderes Ministeriales y Directores Departamentales en la IGLESIA. Sus funciones van más allá que la dirección de ministerios, son las personas que asisten al Pastor General en decisiones, estrategias y programaciones eclesiásticas que son de interés para el buen desempeño dentro de la IGLESIA. Suelen formar parte del Gabinete Pastoral, aunque no necesariamente. También por lo general llegan a formar parte de la Junta Ejecutiva de la congregación. El Pastor de Área es la persona que le informa al Pastor General cómo están trabajando los Líderes y Directores que dirigen ministerios bajo sus supervisiones.

C.) Responsabilidad Eclesiástica

La responsabilidad eclesiástica se deriva de una responsabilidad general en toda la congregación o iglesia. El Pastor de Área está llamado a velar y participar en cualquier asunto en que la iglesia o congregación lo amerite, no podría desinteresarse ante necesidades que surjan en la IGLESIA. Las necesidades podrían presentarse en otros ministerios; como también en el público o fieles presentes en el servicio.

Entre las responsabilidades del pastor de área tenemos:

1. Asistir en el desarrollo de los programas, la planificación y dirección de las actividades de los ministerios a su cargo.

2. Revisar los recursos para los ministerios y canalizar necesidades de los mismos ante la junta.

3. Trabajar con el Director de Ministerios en el desarrollo de la política, planes y estrategias anuales de la iglesia.

4. Completar reportes en tiempo determinado.

5. Asegurarse que toda actividad esté dentro del plan de la iglesia.

6. Asistir a en labores de supervisión

en otras áreas cuando sea necesario.

7. Otras responsabilidades asignadas por la junta de acuerdo a necesidades.

2. Responsabilidad del Líder o Director Departamental.

El Líder Ministerial y los Directores Departamentales son personas con las mismas cualidades que los Pastores de Áreas en el aspecto de membrecía y convicción estatutaria y disciplinaria de la iglesia

A.) Responsabilidad Personal.

El Líder Ministerial y Directores Departamentales, no podrían ser personas con características ejemplares diferentes a lo anteriormente señalado para los Pastores de Áreas en el desempeño de las funciones que van a ejercer. Su conducta cívica ante la sociedad también deberá estar apegada a las leyes vigentes del país residente y que sus vidas personales ejemplaricen el Evangelio de Nuestro Señor Jesucristo.

B.) Responsabilidad Ministerial.

Estos líderes tienen la responsabilidad de dirigir el ministerio asignado en todos sus deberes, además de rendir informes a los Pastores de Áreas que les están supervisando. Organizarán y ejecutarán sus actividades ministeriales, las cuales siempre estarán sujetas a las normas disciplinarias de la IGLESIA.

C.) Responsabilidad Eclesiástica.

La responsabilidad eclesiástica se deriva de un interés y amor en la obra del Señor por el servicio, primeramente, a Dios y luego a la congregación.

Siempre los buenos éxitos están relacionados a la buena responsabilidad y amor en la cual sus dirigentes ponen en hacer lo correcto en armonía con sus compañeros de equipo y dedicación.

Responsabilidad del Asistente al Líder o Director Departamental.

El Asistente al Líder Ministerial y a los Directores Departamentales son personas que también han sido escogidas porque poseen cualidades idénticas a sus predecesores encargados para ayudarles en esa tarea ardua de dirigir un ministerio o ministerio en la IGLESIA. Trabajarán bajo la dirección de sus líderes ministeriales y departamentales.

A.) Responsabilidad Personal.

La IGLESIA desea que los Asistentes a Líderes Ministeriales y Directores Departamentales posean una responsabilidad como persona que no difiera a la de los otros Líderes mencionados anteriormente, ya que es un trabajo en conjunto para la glorificación de nuestro Señor Jesucristo y nuestra aportación al mismo debe poseer seriedad.

B.) Responsabilidad Ministerial.

Los Asistentes a Líderes Ministeriales y Directores Departamentales deberán tener las mismas responsabilidades ministeriales, ellos son el apoyo principal para poder llegar a tener el buen éxito establecido.

C.) Responsabilidad Eclesiástica.

Los Asistentes a Líderes Ministeriales y Directores Departamentales serán personas afables y congruentes con la membrecía general de la IGLESIA, en ellos debe reflejarse la buena voluntad de servicio y ayuda en lo que más puedan hacerlo. Recordándoles que ese servicio a nuestros semejantes fueron inquietudes y prioridades que nuestro Señor Jesús nos dejó como enseñanzas.

Criterio de Selección

El criterio de selección para posiciones de liderazgo en la iglesia nace en la enseñanza apostólica de principio del evangelio. Un requisito de nuestros líderes y pastores es ser ejemplo de los creyentes en palabra, conducta, amor, espíritu, fe y pureza según el libro de Timoteo 4:12.

a. Membresía de la iglesia
b. Desarrollo satisfactorio en su crecimiento espiritual
c. Habilidades de liderazgo

d. Habilidad para entregar reportes a tiempo

e. Demostrar habilidades para trabajar con personas

f. Familiaridad con las enseñanzas y principios de la congregación

g. Interés en desarrollo personal y educativo.

h. Promueve la espiritualidad

i. Inspira los ministerios

j. Predica, promueve y practica el reino

k. Trabaja con visión

l. Dispone de misión

m. Intercede y aboga por los miembros

n. Opera como se espera

o. Otros criterios que pueden ser requeridos de acuerdo a la posición que desarrolle.

Grupos o comités

Es bueno que el equipo directivo del Ministerio de varones se divida en grupos o comités que permitan un mejor desarrollo del mismo y que promueven la participación equitativa de todos los miembros del equipo, así como la incorporación al Ministerio de otros hombres.

Descripción de comité
Cuatro tipos de crecimiento ocurren en la iglesia cuando confiadamente sigue el mandato de Señor y se envuelve en estas funciones;

Crecimiento numérico-El crecimiento numérico se mide en membrecía, bautismos, niveles de asistencia y participación ministerial.

Transformación espiritual- Dios trabaja cambiando al creyente a la semejanza de Jesús, dándole una nueva identidad en Cristo, y dándole el poder para que tenga una relación de amor, verdad y obediencia para toda la vida, para la Gloria de Dios.

Expansión del ministerio- A medida que la iglesia va creciendo en número y así coma la gente es transformada espiritualmente, el Espíritu Santo va abriendo nuevas puertas al ministerio.

Avance del reino- Dios trabaja diariamente para expandir su Reino a través de la iglesia.

Cada comité se reunirá cada mes para preparar y presentar un plan al departamento de misiones. Este plan debe cubrir cada actividad, por lo menos una vez al mes.

Algunas sugerencias de estos grupos o comités son:

☐ Comité de Oración – Un grupo de hombres que ore fielmente por el Ministerio en general y sus necesidades específicas. Además de la oración que debe acompañar al equipo directivo como tal, este comité involucra a hombres que tal vez no puedan estar activos en el ministerio de otra forma (p.a. ancianos o enfermos).

☐ Comité de Hospitalidad – se ocupa de dar la bienvenida a las personas que llegan nuevas a la iglesia, tanto a las reuniones de hombres como a cualquier otra actividad de la iglesia.

1.   Ser parte del comité de evangelismo.
2.   Recibir a los recién llegados.
3.   Sentar a los recién llegados junto a miembros del comité.
4.   Hacer un registro de los recién llegados.
5.   Crear una base de datos de los que vienen por primera vez y visitarlos.
6.   Darle los datos al comité de seguimiento.
7.   Hacer un registro de las procesiones de fe.

☐ Comité Social – se encarga de preparar el refrigerio de las distintas actividades y de promover actividades sociales y de comunión entre todos los miembros de la iglesia.

Comité de Discipulado – se encarga de ensenar otros hombres sobre el camino de la Fe. Los prepara para el bautismo y el trabajo dentro de la congregación.

1.   Ser parte del comité de evangelismo.
2.   Recibir a los recién llegados.
3.   Enviar cartas a los que vinieron por

primera vez.

4.   Llamar a los recién llegados una vez por semana.

5.   Proveer a los visitantes con material de desarrollo cristiano.

6.   Visitar a los recién llegados en una base de 15 días.

7.   Discipular a los nuevos creyentes y guiarlos al bautismo.

8.   Darle a los recién llegados y visitantes un paquete con información y una tarjeta de la iglesia.

9.   Presente los nuevos conversos con sus respectivos líderes. (damas, caballeros y jóvenes)

10. Presente a las visitas y a los nuevos creyentes con los maestros y líderes de la escuela bíblica.

11. Visita a los descarriados.

☐ **Comité de Mentores** – A cargo de asegurar que cada nuevo creyente tenga una persona que le apoye en sus primeros pasos.

☐ Comité de Dirección – A cargo de la dirección de los servicios y temas para educar los caballeros.

o   Comité de provisión

o   Comité de Seguimiento

Comité de cartas y literatura

Comité de Provisión. / Literatura / fondos

1. Juntar y proveer información a otros comités.
2. Proveer recursos económicos para otros comités.
3. Participar en el comité de evangelismo.
4. Comité de Literatura
5. Ser parte del comité de evangelismo.
6. Preparar toda información escrita.

- Tratados
- Etiquetas
- Rótulos
- Carteles
- Folletos
- Cartas
- Listas (incluya lista de descarriados.)
- Tarjeta de los líderes, y los del comité de Seguimiento Envueltos en evangelismo.
- Periódico de la iglesia
- Carta pastoral de bienvenida firmada por el pastor.
- Prepare un directorio de los líderes de la iglesia que se le dará a los visitantes.

Comité de Evangelismo

1. Preparar una reunión de oración por las almas.

2. Declarar ayuno por las almas.

3. Organizar las reuniones de evangelismo y discipulado.

4. Preparar servicios para los descarriados.

5. Entregar cartas a la comunidad.

6. Hacer evangelismo puerta a puerta.

7. Traer una persona a la iglesia.

8. Entregar formularios recolectando oraciones.

9. Organizar servicios evangelisticos para los no creyentes,

a. Pegar letreros con la información de la iglesia (tiendas de alimentos, negocios en general, casas, oficinas, carros, etc., etc.

10. Hacer servicios al aire libre.

11. Repartir tratados cada dos semanas/

12. Prepare servicios especiales para los no creyentes objetivos. (Hombres embarazadas, personas de negocios, esposos/as de los que van a la iglesia.)

13. Visitar los hospitales.

14. Hacer una explosión evangelística una vez al mes, en la comunidad.

15. Visitar las cárceles.

16. Organizar extensiones de escuela bíblica.

Otros comités

Grupo de oraciones Casa-a Casa

o Comité de Ujieres
o Visitas a hospitales y Asilos
o Ministrar a Cárceles
o Extensiones de Escuela Bíblica
o Ministerio de Tratados y Visitas el vecindario
o Ministerio de Caminata y oración

Fijando metas específicas para el Ministerio de hombres:

¿Qué es un líder? Un líder es alguien que va delante, que guía, que tiene cierta autoridad o influencia.

Decidir los objetivos particulares que te gustaría ver como resultado del ministerio masculino de tu iglesia puede ser de gran ayuda. Te permitirá planificar qué tipo de programas, actividades, temas y tópicos de estudio bíblico vas a implementar a lo largo del año.

Como líder del Ministerio de Hombres tú conoces a los hombres mejor que nadie y sabes qué tipo de cosas quieres lograr en tu grupo de hombres. Por supuesto tienes muchos objetivos en mente, pero intenta ser práctico y ceñirte a uno o dos en el año.

Piensa en las carencias más grandes del grupo de hombres que tú lideras. No pienses solamente en el grupo que asiste a las reuniones habitualmente, sino trata de fijar tus objetivos teniendo en cuenta a todas hombres de tu congregación.

Sugerencias de Objetivos específicos:

1. ☐ Que los hombres se conozcan por sus nombres
2. ☐ Que los hombres se reúnan y tengan lazos fuera de la iglesia
3. ☐ Que los hombres aprendan a expresar sus motivos de oración y tengan confianza en que se va a orar por ellos en el ministerio de Hombres
4. ☐ Que la asistencia a las reuniones sea de unos _______ hombres
5. ☐ Que los hombres se ofrezcan a colaborar en el ministerio de hombres sin que se lo pidan
6. ☐ Que los hombres estudien la Biblia por su cuenta
7. ☐ Que los hombres se motiven a invitar a otros a las actividades.
8. ☐ Que los hombres anhelen tener una vida piadosa
9. ☐ Que los hombres se involucren en otros ministerios como la Escuela Dominical o la Escuela Bíblica Vacacional
10. ☐ Que los hombres sean guerreros de oración por sus esposas y sus hijos
11. ☐ Que los hombres se conviertan en excelentes esposos como

resultado de los programas de nuestro ministerio

12. ☐ Que los hombres sean más compasivos con otros hombres

13. ☐ Que los hombres se conviertan en héroes de la fe

14. ☐ Que los hombres sean más hospitalarios

15. ☐ Que los hombres sientan el peso por los inconversos

16. ☐ Que los hombres aconsejen y discipulen a otros hombres

17. ☐ Que los hombres utilicen sus dones y talentos en la iglesia

18. ☐ Que los hombres tengan su corazón en las misiones y oren y apoyen misioneros

19. ☐ Que los hombres tengan fielmente su tiempo devocional con el Señor.

Fijando metas específicas para ti como líder del Ministerio Masculino:

Decidir los objetivos específicos que te gustaría ver en el ministerio de hombres en el que trabajas es muy bueno, pero, como líder, necesitas también fijarte objetivos específicos a ti misma. Debes ser la mejor persona que puedas ser antes de que puedas convertirte en la mejor líder. Tu liderazgo es una combinación de todo lo que haces en la vida, no sólo depende de cómo te vean en las reuniones.

Observa tu vida profundamente. ¿Qué necesitas mejorar? ¿En qué áreas debes trabajar y concentrarte? Elige algunas de las cosas que te gustaría mejorar en tu vida y ocúpate de una a la vez. Trabajar en ti mismo sin descanso, sin duda va a reflejarse en tu liderazgo.

<u>Sugerencias de Objetivos Personales</u>**:**

☐ *Quiero orar diariamente por los hombres (sé práctico, si tienes un grupo pequeño puedes orar por todos a la vez; si el grupo es grande rota los nombres)*
☐ *Quiero ser un hombre más amable*

☐ *Quiero ser más organizado*

☐ *Quiero estar menos nervioso cuando me paro a hablar ante los hombres*

☐ *Quiero llegar a tiempo a cada una de las actividades del ministerio*

☐ *Quiero tener y reflejar confianza*

☐ *Quiero pasar __________ minutos en oración al día*

☐ *Quiero pasar __________ minutos de estudio bíblico al día*

☐ *Quiero colocar mi trabajo en el ministerio masculino como una prioridad en mi vida*

☐ *Quiero aconsejar o discipular a otros hombres de mi iglesia*

☐ *Quiero planificar mi trabajo en el año de actividades del ministerio masculino*

☐ *Quiero recordar cada fecha de cumpleaños de los hombres del ministerio*

☐ *Quiero tener más comunicación con el pastor y los líderes de mi iglesia*

☐ *Quiero sentir genuino amor por los hombres de la iglesia*

☐ *Quiero ser de ánimo a los hombres con los que trabajo en el ministerio*

☐ *Quiero depender más de Dios para realizar mi trabajo como líder*

☐ *Quiero tener un impacto positivo en los hombres con los que trabajo*

☐ *Quiero ser mejor esposo y padre*

☐ *Quiero comer saludable, cambiar mi dieta si es necesario*

☐ *Quiero comenzar a incrementar mi actividad física*

☐ *Quiero dormir y descansar lo suficiente. Si estás cansado todo el tiempo, no estás al cien por cien.*

Siempre que se comienza algo se debe pensar en algo central para obtener mejores resultados, y eso es lo que normalmente conocemos como "objetivos".

Los objetivos son las razones por las cuales estaremos llevando a cabo esa acción a largo, mediano o corto plazo. La importancia de los objetivos reside entonces en el hecho de que permitirá que nos ordenemos mejor para saber cómo trabajar o actuar, qué cosas o resultados buscar, etc.

Entendemos por objetivo a aquello que quiere ser alcanzado o logrado. Así, siempre que uno realiza alguna actividad, ya sea voluntaria o espontánea, tiene como finalidad la obtención de cierto tipo de objetivo u objetivos. Los objetivos pueden ser más o menos claros dependiendo de cada situación y particular escena, pero siempre están.

¿La Biblia enseña algo acerca de establecer metas?

La Biblia deja claro que es importante establecer metas y planes para el futuro, mientras que al mismo tiempo tenemos una actitud humilde y confiamos en Dios. Debemos ser intencionales pero también generosos, administradores prudentes y diligentes que saben que nuestra confianza y dependencia se encuentra, en última instancia, en Dios y no en nosotros mismos.

Establecer metas es una de las maneras en que podemos administrar con fidelidad los recursos y los dones que Dios nos da. En todo el proceso de establecimiento de metas, debemos ser sumisos a Dios. Nuestras metas deben alinearse con Sus planes para nosotros y las cosas que Él estima en Su Palabra. También debemos ser humildes.

Podemos pensar que las cosas se verán de una manera, pero Dios puede cambiar nuestros planes para lograr Sus propósitos más grandes en y a través de nosotros (Proverbios 3: 5-6).

Al establecer metas y planes con el fin de lograrlos, debemos evaluar cuánto nos costarán esos planes, ya sea finanzas, tiempo o cualquier otro recurso (Lucas 14: 28–33). Deberíamos preguntarnos si estamos dispuestos y preparados para pagar los costos. Es de crucial importancia pedirle a las personas sabias en nuestra vida que nos den consejos sobre cómo crear y seguir mejor un plan para lograr nuestros objetivos: "Cuando falta el consejo, fracasan los planes; cuando abunda el consejo, prosperan. " (Proverbios 15:22).

El trabajo duro es una necesidad. Cuando establecemos metas, debemos trabajar diligentemente con la esperanza de alcanzarlas: "Los planes bien pensados: ¡pura ganancia! Los planes apresurados: ¡puro fracaso!" (Proverbios 21: 5).

Para cumplir mejor nuestros objetivos,

debemos usar la estación en la que estamos para prepararnos para la próxima estación. No debemos ser como el perezoso, sino más bien como la hormiga diligente:

" ¡Anda, perezoso, fíjate en la hormiga! ¡Fíjate en lo que hace, y adquiere sabiduría! No tiene quien la mande, ni quien la vigile ni gobierne; con todo, en el verano almacena provisiones y durante la cosecha recoge alimentos. Perezoso, ¿cuánto tiempo más seguirás acostado?
¿Cuándo despertarás de tu sueño? Un corto sueño, una breve siesta, un pequeño descanso, cruzado de brazos… ¡y te asaltará la pobreza como un bandido, y la escasez como un hombre armado!"(Proverbios 6: 6–11).

Cabe señalar que a veces la estación en la que estamos está destinada a ser una estación de descanso y refrigerio (Salmo 46; Marcos 6:31). El tiempo dedicado a crecer en la intimidad con Dios no es un tiempo improductivo. Necesitamos buscar la sabiduría de Dios sobre lo que Él quiere que hagamos en cualquier época del año:

descansar, prepararnos, trabajar diligentemente, etc. Nuestro objetivo final, siempre, es complacerle y traerle gloria *(Colosenses 3:17, 23).*

Recuerde, también, que una buena planificación no es una garantía de que siempre lograremos nuestros objetivos. Santiago advierte: *"Ahora escuchen esto, ustedes que dicen: «Hoy o mañana iremos a tal o cual ciudad, pasaremos allí un año, haremos negocios y ganaremos dinero». ¡Y eso que ni siquiera saben qué sucederá mañana! ¿Qué es su vida? Ustedes son como la niebla, que aparece por un momento y luego se desvanece. Más bien, debieran decir: «Si el Señor quiere, viviremos y haremos esto o aquello»."(Santiago 4: 13–15). Debemos ser lo suficientemente humildes para permitir que Dios dirija nuestros pasos a su manera, lo que puede parecer diferente de lo que pensamos. "El corazón del hombre traza su rumbo, pero sus pasos los dirige el Señor." (Proverbios 16: 9). Debemos esforzarnos por hacer lo mejor, pero también reconocer que Dios está en control, no nosotros.*

No hay que preocuparse ni temer un cambio de planes. Los planes de Dios son mejores que los nuestros (Mateo 6: 33–34). Podemos pedirle a Dios que nos dirija en el camino que debemos seguir y que dirijamos nuestros corazones hacia las cosas en Su corazón. Él puede dirigir nuestros deseos para que establezcamos las metas que Él quiere que alcancemos (Salmo 37: 4). David oró: "Por la mañana hazme saber de tu gran amor, porque en ti he puesto mi confianza. Señálame el camino que debo seguir, porque a ti elevo mi alma." (Salmo 143: 8).

Lo importante a recordar es que en última instancia el propósito de Dios para cada uno de nosotros prevalecerá, aunque los pasos para lograr ese propósito puedan parecer diferentes de lo que pensamos. "El corazón humano genera muchos proyectos, pero al final prevalecen los designios del Señor." (Proverbios 19:21). Establezca metas, pero sométalas a Dios y pídale Su sabiduría, capacidad e intervención para cumplir Sus propósitos para su vida.(Compelling Truth

Cómo orar por los hombres:

Como líder, orar por hombres de tu Ministerio masculino es vital. A la hora de orar por hombres recuerda:

1.   Orar por ellos por nombre. Elige algo único de ellos por lo que puedas agradecer al Señor. Esto te ayudará a enfocarte en ellos y no sólo en un nombre.

2.   Ora por sus necesidades

3.   Ora por su relación con el Señor, porque su fe se fortalezca. Ora por su vida de oración, sus actitudes y su crecimiento espiritual.

4.   Ora por sus trabajos, por las personas con las que trabajan; ora para que puedan manejar las situaciones del día a día.

5.   Ora por sus esposas y sus hijos (si los tienen)

6.   Ora por sus familias, especialmente si hay algún problema, enfermedad... o si hay algún inconverso entre ellos.

7.   Ora por sus amigos, especialmente por los que necesitan salvación

8.   Ora por su sustento, sus cuentas, sus necesidades económicas

9.   Ora por sus elecciones, para que sean sabios, correctos y guiados por Dios

10.   Ora por su salud, no sólo cuando estén enfermos

Claves para revitalizar el Ministerio de Varones

Revitalizar significa "dar nueva vida o vigor a algo". ¿Es eso lo que necesita el Ministerio Masculino de tu iglesia? Revitalizar no siempre significa tirar lo viejo y reemplazarlo con lo nuevo, sino mejorar, ajustar e incorporar cosas nuevas al ministerio que tenemos.

<u>Oración</u>

☐ Ora por ti como líder
☐ Ora por objetivos, proyectos, eventos especiales…
☐ Ora por tu equipo y con tu equipo
☐ Ora por tus decisiones como líder
☐ Ora para que el Ministerio Masculino impacte tu iglesia y tu comunidad
<u>Fíjate en las áreas problemáticas</u>

☐ ¿Hay algún área en el que debes trabajar individualmente como líder?

☐ ¿Hay algo que pueda mejorarse en el Ministerio?

☐ ¿Hay algo que deba eliminarse del Ministerio? Quizás cosas que antes eran

necesarias ya no lo son más

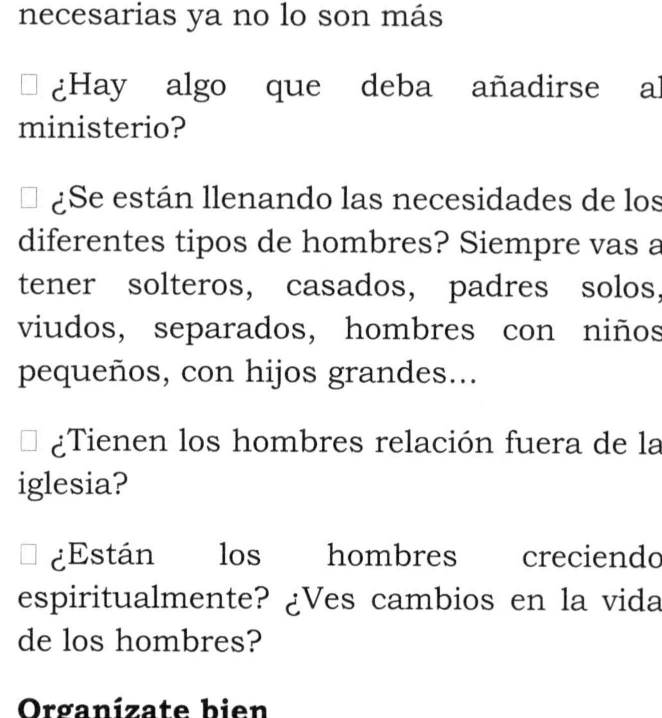

□ ¿Hay algo que deba añadirse al ministerio?

□ ¿Se están llenando las necesidades de los diferentes tipos de hombres? Siempre vas a tener solteros, casados, padres solos, viudos, separados, hombres con niños pequeños, con hijos grandes…

□ ¿Tienen los hombres relación fuera de la iglesia?

□ ¿Están los hombres creciendo espiritualmente? ¿Ves cambios en la vida de los hombres?

Organízate bien

❖ Fija Objetivos

❖ Forma un equipo de trabajo

❖ Ten sesiones de planeamiento continuamente

❖ Haz un calendario anual

❖ Comienza y termina las actividades a tiempo

Sube a bordo a todo el mundo

☐ Mantén el contacto con el pastor, los diáconos y el personal de la iglesia. Mantenlos informados de tus planes y objetivos

☐ Trabaja en mejorar la asistencia a las reuniones y motiva especialmente a los hombres que no asisten a las reuniones

☐ Motiva a los hombres a ser parte del ministerio

Se creativo:

☐ Introducir o replantear programas o eventos nuevos

☐ Involucra a hombres en planificar y trabajar para el ministerio masculino

☐ Lee artículos sobre otros ministerios varoniles e infórmate de cosas nuevas

☐ Busca ayuda para mejorar el programa del ministerio masculino

Recuerda a quién estás sirviendo

Nunca olvides que por medio del servicio en la iglesia estás sirviendo al Señor

☐ Busca la dirección de Dios a la hora de escoger los estudios bíblicos y planear las

actividades
☐ Confía en el Señor
☐ Recuerda que el trabajo que estás haciendo tiene consecuencias eternas
☐ Da toda la alabanza a Dios

Un líder debe:
☐ Conocer la Palabra de Dios – 2 Timoteo 2:15
☐ Ser un visionario – Habacuc 2:2
☐ Ser alguien con quien se puede contar – Santiago 3:1
☐ Edificar a otros – Efesias 4:29
☐ Enseñar cosas buenas – Gálatas 6:6; Proverbios 15:4[i]

Construye un equipo

Según el experto en el ministerio de hombres, David Delk, **"la mayoría de las iglesias tratan cada semana como la semana anterior, más acerca de mantener la institución en marcha que sobre algún propósito"**. Los hombres quieren involucrarse en organizaciones que tienen un propósito, y participarán en iglesias que ofrecen formas de expresar ese propósito.

"Los hombres que conozco quieren creer en lo que están involucrados y van a hacer la diferencia", dijo Delk.

Delk agregó que permitir a los hombres ser responsables de sus vidas espirituales entre sí es otra forma de aumentar la participación, y dijo que su grupo "lo ha visto una y otra vez" al trabajar con 13,000 líderes que representan a 4,300 iglesias.

Dijo que esto implica crear oportunidades para que los hombres encuentren un amigo con quien compartan sus preocupaciones y luchas en la fe, y que se hagan responsables en su experiencia de fe. Tales relaciones, dijo Delk, ayudan a un hombre a verse a sí mismo como algo más que un simple "engranaje" en el mundo cotidiano.

En lugar de simplemente ser visto como "un cheque de pago para su cónyuge y un taxi y pensión para sus hijos", la responsabilidad espiritual muestra que a alguien le importa la vida interior de un hombre. "Eso puede cambiar toda la sensación de la cultura de una iglesia", dijo.

Las iglesias de Moscú a Melbourne a

Minneapolis están preguntando: ¿Dónde están los hombres?

Los hombres representan más del 60% de los adultos en el servicio de adoración típico en Estados Unidos. **Algunas iglesias en el extranjero informan diez hombres por cada hombre que asiste. Los rangos de voluntarios son muy varoniles.**

Ninguna otra religión sufre las enormes brechas de género que plagan al cristianismo.

No es solo la asistencia donde los hombres siguen a los hombres. Es menos probable que los hombres lideren, sean voluntarios y cedan en la iglesia. Oran menos, comparten menos su fe y leen menos la Biblia.

> **Los hombres que van a la iglesia parecen pasivos y aburridos. A menudo es imposible hacer que los hombres que asisten a la iglesia hagan otra cosa que no sea asistir a los servicios.**

La brecha de género de la iglesia a menudo es invisible porque el nivel superior del liderazgo de la iglesia todavía es muy masculino. Más del 90% de los pastores protestantes son hombres. Pero León Podles lo expresó mejor: "La iglesia moderna es un ejército de hombres dirigido por unos pocos generales varones".

Los hombres necesitan la iglesia, pero, más importante, la iglesia necesita hombres. La presencia de hombres entusiastas es uno de los predictores más seguros de salud, crecimiento, generosidad y expansión de la iglesia. Mientras tanto, la escasez de hombres es una señal segura de parálisis y decadencia eclesiástica[ii]

Utilice estas cinco categorías para pensar qué actividades alcanzarán qué hombres:

1. Hombres naturales. Hombres con poco o ningún interés espiritual. Vienen cuando tienen que hacerlo, por vacaciones, bodas y funerales, o porque mantienen la paz con su esposa.

2. Cristianos culturales. Estos son hombres con un pie dentro y un pie fuera de la iglesia. Tal vez crecieron en la iglesia y ahora solo hacen los movimientos. O la

iglesia es una reunión social o les da un lugar para asegurar que sus hijos reciban alguna instrucción moral. Están presentes, pero no están comprometidos o interesados en el crecimiento espiritual.

3. Cristianos Bíblicos. Estos hombres son discípulos o quieren ser discípulos. Están interesados en el crecimiento espiritual y quieren liderar a sus familias. Estos hombres son los que se unen a grupos pequeños y clases, y a menudo sirven en toda la iglesia. Estos son los hombres más fáciles de alcanzar porque quieren crecer en su fe.

4. Líderes siervos. Estos hombres participan activamente en ayudar a otros a crecer en su fe. Son un subconjunto de tus Cristianos Bíblicos, más avanzados en su fe y en busca de oportunidades para servir, enseñar, ser mentores y líderes.

5. Hombres Heridos. Este es un subconjunto de los cuatro grupos anteriores. Estos hombres a menudo están "atrapados" debido a una crisis o necesidad aguda o permanente que debe abordarse para que puedan continuar su viaje espiritual. Ya sea que se trate de un

problema de adicción, aflicción, crisis financiera, de salud o de matrimonio, el Evangelio se puede aplicar de manera significativa, ya que informa nuestro cuidado.

Para que un ministerio de hombres tenga éxito, debe abordar las necesidades de cada uno de estos cinco grupos. El objetivo siempre debe ser señalar a los hombres las oportunidades para alcanzar el siguiente nivel de crecimiento.[iii].

52

Diseño de departamento de caballeros

El departamento de caballeros está compuesto por varones registrados en nuestra comunidad de fe que son mayores de 28 años de edad o que ya están casados antes de esa edad. Forma parte de la rama ministerial de los ministerios de comunión de (IGLESIA) y se rige por la junta ejecutiva de la Iglesia.

Los ministerios de comunión son aquellos que tratan directamente con un grupo de personas en particular.

- Tienen como responsabilidad el desarrollo de sus miembros en áreas personales, espirituales, sociales, familiares y emocionales.
- Planifican, promueven, coordinan y ejecutan trabajos orientados a los miembros.
- Permiten que sus miembros conozcan y manejen sus responsabilidades, deberes y derechos.

- Trabaja para que los miembros manejen con propiedad los roles en su vida
- Administra los servicios a los miembros de su grupo asegurando la INCLUSION de todos y cada uno
- Orienta su comunidad

Propósito del Ministerio de Caballeros

- Velar por la integridad de los miembros de su ministerio y promover la superación espiritual y realización personal de cada uno. –

Visión del Ministerio de Caballeros

Fortalecer las vidas de los miembros de su ministerio a través de la promoción de los más altos valores cristianos, morales y sociales.

Misión del Ministerio de Caballeros

La iglesia tienes una responsabilidad latente en el desarrollo de los individuos y sobre todo en el desarrollo de las familias de la comunidad.

La tarea del ministerio de Caballeros es el fortalecimiento de sus miembros en todas las áreas de sus vidas. Mantener una alta motivación a la vida cristiana y a la mejoría de su vida en general y esto incluye:

A. **Programar actividades espirituales**

B. **Programar actividades sociales**

C. **Promover actividades para el crecimiento personal**

D. **Programar actividades para la profundidad del conocimiento bíblico entre sus miembros.**

E. **Monitorear el desarrollo de los miembros.**

F. **Contactar los miembros**

G. **Referir sus miembros a otros ministerios como sea necesario**

Actividades anuales y sugerencias para Caballeros

6 actividades espirituales

O Incluye dos retiros al año

O Servicios de oración

O Vigilias

O Campamento de Caballeros

5 actividades sociales entre caballeros

O Cenas informales

O Deportes

O Parque

O Playa

O Viaje

O Golf, Fishing, Camping, Basketball

Sugerencias de actividades

1. El hombre y su salud
2. Planificacion del hogar
3. Matrimonio y sexualidad
4. El hombre y su relaccion con Dios
5. 50 Citas con su mujer
6. El Esposo que Dios envia
7. Como ganar hombres para Dios.
8. Noche de testimonios
9. Conociendo los retos de la adolescencia moderna
10. El hombre y sus emociones
11. El hombre como lider de su hogar
12. Abecedario para hombres
13. Un ministerio parroquial masculino
14. El hombre y su llamado
15. Marcando los hijos para Dios.
16. Conociendo al Espiritu Santo.
17. Fnanzas familiares
18. Analizando hombres de la biblia

19. Servicio para Amigos

20. El hombre y su progreso

21. Seminarios:

    a. Con la policia

    b. Dept. de Bomberos

    c. Cruz Roja

    d. Expertos Finacieros

    e. Nutricion

    f. Asesores de Imagen

    g. Motivador de Estudios

22. De pobreza a riqueza, tristeza a gozo y tormenta en fiesta

23. Como dirigir un servicion familiar

24. Como organizar un retiro familiar

25. Como organizar una celula cristiana

26. Como preparar tu familia para ser mentor de familias

27. 15 maneras de apoyar tu iglesia.

28. Aplicaciones (Apps) para hombres de fe.

29. Visitas

    a. Presos

    b. Shelters de hombres

    c. Desamparados

    d. Area de la congregacion (pediguenos)

    e. Hombres solos

    f. Ancianos

    g. Viudos

    h. Centro de restauracion de adicciones

30. Como evitar y ayudar a otros con el Pecado Sexual

31. Como restaurar amigos caidos

32. Los retos de un hombre

    a. Personal

    b. Familiar

    c. Eclesiastico

    d. Social

    e. Moral

33. Estudio de Enfermedades y Achaques por edad

34. Planificacion del tiempo para hombres
    a. Prioridades y necesidades
35. Vicios y debilidades
36. Profundidad de la Biblia
37. Que Espera una mujer de un hombre
38. Cena
39. Concierto
40. Reuniones
    a. De negocios
    b. Padres e hijas
    c. Padres e hijos
    d. Padres y padres
    e. Con Parejas
    f. Reunion de Familia
    g. Retiro de Caballeros
    h. Campamento de Caballeros

La dificultad de ganar hombres

Hay algo, o más precisamente alguien, que falta en muchas iglesias los domingos por la mañana: los hombres.

Los últimos datos del Pew Research Center dicen que entre los que afirman ser católicos, protestantes evangélicos, negros protestantes y afiliaciones protestantes, la mayoría son hombres hasta en un 59 por ciento.

Los varones predominan en las comunidades musulmanas e hindúes estadounidenses, en márgenes de 65 y 62 por ciento, respectivamente, informó Pew, y hay escasas mayorías de hombres entre budistas y judíos. La razón por la cual la afiliación musulmana es predominantemente masculina puede ser una consecuencia de la metodología de la encuesta, dijo Pew's Greg Smith. Una encuesta de 2011 encontró que la afiliación masculina musulmana era del 55 por ciento.

David Murrow, autor de "Por qué los hombres odian ir a la iglesia", dice que más del 60 por ciento de los que asisten a la adoración semanal son hombres. Él dice que la iglesia no ha sido amigable para hombres durante décadas, citando canciones de adoración "románticas" introducidas en la década de 1990 y la "secta de oración" formada cuando los miembros se reúnen alrededor de un hombre que respondió a una llamada evangelística y caminó al frente de un santuario en oración. Estar rodeado de personas que intentan tocarlo no es algo que los hombres puedan disfrutar, dijo Murrow.

Algunas iglesias están logrando traer a los hombres de vuelta a las bancas enfatizando las cosas que les interesan a los hombres, comenzando con la decoración y una liturgia con himnos amigos del hombre y terminando con un énfasis en proporcionar responsabilidad espiritual y oportunidades para el servicio comunitario.

"No es un problema de estilo. Los hombres no necesitan un ritmo más fuerte (de la banda de adoración) o un pastor que levanta pesas y bebe cerveza", dijo el sociólogo Josh Packard, profesor de la Universidad del Norte de Colorado, cuyo nuevo libro "Church Refugees", rastrea a aquellos que se están separando de las iglesias.

"La gente no siente que la iglesia es donde encuentran a Dios, que las iglesias no están involucradas en la comunidad, y son demasiado prejuiciosas", agregó Packard." Si (las iglesias) se enfocan en (abordar) esas cosas, las cuestiones de género se resolverán por sí mismas"[iv].

Por qué los hombres se van

Mientras que la participación masculina en las iglesias alcanzó su punto máximo durante las décadas de 1950 y 1960, dijo Murrow, los hombres "comenzaron a desaparecer" durante los años setenta. "Las iglesias principales hicieron un trabajo terrible para mantener a los hombres", dijo. "Hubo solo un retiro general en las iglesias de todo lo masculino, hacia una forma de entendimiento más neutral o incluso más femenina".

David Delk, director general de Man in the Mirror Ministries, un grupo de alcance para hombres ubicado cerca de Orlando, Florida, también citó factores sociales sobre por qué los hombres se fueron. Dijo que hubo un momento en que las expectativas sociales presionaron a los hombres para que se unieran a una iglesia y, en las décadas de 1950 y 1960, los hombres respondieron uniéndose, independientemente de si su fe era fuerte o no. Llamó a esa generación "los que se unen", personas que participaron en iglesias o grupos sociales como Kiwanis o Rotary, para formar parte del tejido de una comunidad.

Sin embargo, desde la década de 1970, la opinión de que la iglesia es el único lugar para la comprensión espiritual ha disminuido, según el sociólogo Packard. Pero en opinión de muchos hombres, desconectarse de los servicios religiosos semanales no equivale a negar por completo la fe, agregó.

Packard citó los comentarios de un encuestado que dijo: "Aún no he escuchado a un pastor que me convenza de lo valioso que su iglesia agrega a mi vida. Puedo obtener todas las enseñanzas que quiero en línea. Puedo vivir mi fe en una variedad de formas. No sé qué le agrega a mi vida ir a su iglesia ".

Esto se traduce, dijo Packard, en un problema de comercialización para algunas iglesias.

"No estoy seguro de que vivamos en el tiempo donde la iglesia es percibida como un lugar a donde ir y mejorar tu vida", dijo. "Ciertamente no se percibe como el único lugar".

Convirtiendo a la familia

Sin embargo, tener más hombres en la iglesia no es solo una cuestión de equilibrar las proporciones de género. Murrow dijo que las familias son mejor alcanzadas cuando un hombre participa en la iglesia, lo que hace que el asunto sea un componente clave del evangelismo.

Murrow citó los ejemplos de dos pastores de mega iglesias, Bill Hybels de la Willow

Creek Community Church, que comenzó en 1975 cerca de Chicago, y Rick Warren's Saddleback Church en el condado de Orange, California, en 1980, como nuevas iglesias.

Ambos pastores, dijo, llegaron a la conclusión independiente de que, si pudieran conseguir hombres en las bancas, los cónyuges y los hijos seguirían.

"Cuando consigues al hombre, obtienes a la familia en el trato", dijo Murrow. "Tienes que hacer que los líderes de la iglesia se concentren en el hecho de que sin hombres las iglesias no crecerán".

La hipótesis parece haber funcionado: Willow Creek tiene 24,000 personas asistiendo al culto cada semana, y Saddleback reporta 27,000 asistiendo semanalmente, con un objetivo de 40,000 asistencia semanal para 2020.

Según el pastor Murrow, "No se trata de la dominación masculina, se trata de resurgimiento masculino. Para que la iglesia logre su misión de evangelismo y servicio a los demás, dijo, "tenemos que tener todas las manos en la cubierta. En este momento, la mayoría de esas manos tienen esmalte de uñas".

Cuando la Pastora Jen Wilson llegó a la Iglesia Metodista Grace United en LaSalle, Illinois, encontró una congregación del "medio oeste típico" de alrededor de 600 miembros donde había "muchos hombres en el liderazgo". Como pastora, la Reverenda Wilson dijo que quería tener más hombres en puestos de liderazgo "porque quería hombres fuertes para equilibrar" las cosas, así como crear una iglesia que fuera "muy atractiva para familias (enteras)".

Al no querer "faltarle el respeto a la cultura" establecida en la congregación o moverse demasiado rápido para desplazar a los líderes que ya estaban involucrados, la Reverenda Wilson dijo que gradualmente hizo cambios que crearon un ambiente más acogedor para hombres y hombres, particularmente aquellos que no se consideran espirituales ni religiosos

"Si su vida diaria no incluye nada espiritual, cuando entras en algunas iglesias tradicionales, se ven cómodas para alguien que tiene 70 años", dijo.

"Parece la casa de la abuela".

Así que redecoraron para tocar los tonos tierra del santuario de ladrillos, por ejemplo, y las liturgias se escribieron con hombres en mente, enfocándose en eventos de interés para hombres como el Día de los Veteranos y el Día del Padre. Cada otoño, la iglesia tenía una fiesta de portón trasero en el estacionamiento un domingo, dijo ella, el tipo de evento que da "alguna razón para que (los hombres) vengan".

Servicios para caballeros

Acá te presentamos algunos servicios, conferencias, temas que pueden ser utilizados para el departamento de caballeros.

Cada servicio puede recibir una promoción diferente. Prepare volantes y brochures, internet posts por Facebook, WhatsApp, asegúrense de llegar a los hombres que se han de beneficiar de este servicio.

No.	Servicio o actividad	Propósito
1	15 obstáculos en el crecimiento	Empoderar hombres para su crecimiento
2	Hombres en Alabanza	Adorar juntos al creador
3	Ayudando a combatir las drogas	Enseñanza sobre la drogadicción y el impacto en la familia
4	Caminata por la ciudad	Hombres caminando unidad proclamando al creador
5	Comprendiendo la mujer e que tengo a mi lado	Estrategias de superación para hombres casados y novios.
6	Conquistando las Promesas del Padre	Apoderamiento espiritual
7	Conversatorio sobre el rol de los hombres en la comunidad	Conferencias con profesionales y políticos, gobernantes y personas de

		influencia.
8	Cuidados del infante junto a esposa	Conferencia
9	Cuidados prenatales junto a esposa	Conferencia
10	Día de amigos	Un día especial para traer amigos a la congregación
11	Día de Viudos	Reconocimiento y ágape
12	Dorcas en la casa	Recolección de bienes para hombres necesitados
13	El Amor de Dios en Potencia	Hombres en pecado sexual, hombres de la calle. Un mensaje de amor y transformación
14	El día del Abuelo	Honra y compartir
15	El valor de un amigo	Técnicas sobre la amistad de hombres

		en la palabra
16	Encontrando el Propósito de la Vida	Apoderamiento en la oración, el llamado y ministerio
17	Encuentro con mis hijas	Reunión de afecto y encuentro
18	Encuentro con mis hijos	Reunión de afecto y encuentro
19	Enfrentando las pérdidas de la vida.	Conferencia
20	Invitando a mi esposa a cenar	Momentos para invitar las esposas y novias a compartir.
21	El esposo que Ora	El valor de la oración
22	El hombre como su propia Marca	El hombre encuentra su propósito como ente social, comercial y espiritual
23	El hombre en la intimidad sexual	Estrategias para el comportamiento sexual

24	Negocios y Dios	Técnicas de emprendimiento
25	El hombre y su desarrollo social y económico	Apoyo para seleccionar carreras de triunfadoras.
26	El hombre y su liderazgo	Características del líder (Conferencia o seminario)
27	La planificación de una familia	Seminario acompañada de su pareja o sola
28	La Vida Integral	Las prioridades en la vida
29	Los retos de los hombres y sus hijos adolescentes	Conferencia
30	Los retos de un padre soltero	Conferencia y recursos
31	Maneras de seleccionar las mejores escuelas.	Taller efectivo sobre la educación en el país o ciudad

32	Marcando tus hijos para el futuro.	Conferencia para transformar el camino de los hijos hacia la excelencia
33	Mi madre y yo	Invitación a las madres a una actividad
34	Hombre soltero enamorado de la obra	Reunión de hombres solteros
35	Hombres empoderados para servir	Conferencia de apoderamiento
36	Re-dirección después del divorcio.	Conferencia
37	Retos e hijos compartidos	Cuando tu esposa tiene otros hijos o te unes a un esposa y traes hijos
38	Servicio de Sanidad	Oración y liberación
39	Violencia Domestica	Conferencia y recursos
40	Visita a la	Actividad

	Cárcel	
41	Visita al hospital	Actividad
42	Noche de testimonios	Servicio
43	Retiro de caballeros	Actividad de apoderamiento
44	Campamento de caballeros	Actividad
45	Reconocimiento a Mi esposa	Todos los hombres de la iglesia y sus parejas
46	Estaciones de Oración	En la calle
47	Buzón de oración	Alcanzar la ciudad. Buscar peticiones de oración de toda mujer que conoce
48	Grupos de WhatsApp	Grupos diversos
49	Reunión de mentores	Ancianos y nuevos
50	Spa Day	Día de cuidado y

		barberia
51	Mi padre y yo	Reunión de hombres con sus padres.
52		

Alcanzándolos como familia

Pocas experiencias en nuestras vidas como cristianos pueden igualar la alegría de ver a un miembro de nuestra familia llegar a la fe en Cristo. Cuando eso sucede, ambos somos miembros de otra familia, la familia de Dios. Como miembros de la familia de Dios ligados a la eternidad, podemos compartir un nivel de intimidad espiritual nunca antes conocido. Cada aspecto de la vida adquiere un nuevo poder y aliento a través de esta extraordinaria relación dual, que es a la vez física y espiritual.

Sin embargo, pocos deberes de la vida cristiana parecen tan difíciles y de peso como compartir nuestra fe con un miembro de la familia. ¿Es porque estas personas nos conocen tan bien y conocen nuestras debilidades y luchas, así como nuestras fortalezas?

¿Es porque nuestras vidas en el hogar a veces son una evidencia pobre del cambio milagroso que les estamos instando? ¿O es que nuestra propia posición dentro de la familia no es de respeto y autoridad, sino que parece inferior y débil? Tal vez tememos que alentar a los miembros de nuestra familia a la fe traerá un escalofrío e incomodidad al ambiente hogareño.

Y luego siempre está la idea de que podemos tener solo una oportunidad legítima para testificar a los miembros de nuestra familia y nos sentimos mal preparados en la actualidad para abordar una responsabilidad tan increíblemente significativa.

Cualquiera que sea el motivo, dar testimonio a los miembros de nuestra familia nos presenta un conjunto peculiar de circunstancias. Sin embargo, una vez que lleguemos a ciertos problemas básicos, veremos que los miembros de nuestra familia merecen nuestros mejores esfuerzos para compartir nuestra fe. También descubriremos que nada fortalece la fe personal y da energía a la oración como si trajéramos a un miembro de la familia a la fe en Cristo.[v]

Por lo general, nos centramos en la pecaminosidad y la terquedad de los seres queridos que no están totalmente comprometidos con Jesús. Sin embargo, primero debemos quitar el tronco de nuestros propios ojos antes de quitar la paja de la suya (Mt 7: 5). Concentrémonos en nuestra pecaminosidad, perdonemos y seamos perdonados. Entonces debemos comprometernos o volver a comprometer nuestras vidas con el Señor y pedir que el Espíritu se mueva en nosotros (véase 2 Tm 1: 6-7). Además, debemos rodearnos de una nube de testigos (hebreos 12: 1) - personas llenas de fe que nos apoyarán en la oración. Sin embargo, veremos que nuestros propios familiares merecen nuestros mejores esfuerzos para compartir nuestra fe. También descubriremos que nada fortalece la fe personal y da energía a la oración como si trajéramos a un miembro de la familia a la fe en Cristo.

Como puede una esposa ganar su marido?

Como mujer de Dios te sugiero leer estos casos y analizarlos. Algunas de estas decisiones te permitirán saber cómo hacer las cosas mejores o igual que estas mujeres.

Estudio de Caso 1

1. **La salvación de mi esposo es para él**, no para mí. Sería más fácil para mí si fuéramos a la iglesia juntos, tuviéramos los mismos amigos y pudiéramos tener más ideas afines. Pero me di cuenta de que estaba orando más por mi propia comodidad que el alma de Scott. La Escritura nos recuerda: "Y aun cuando preguntas, no lo entiendes porque tus motivos son todos incorrectos: solo quieres lo que te dará placer" (Santiago 4: 3). Me di cuenta de que mis motivos eran egoístas y equivocados. Ahora mi esperanza no está en su salvación, sino en Dios que desea otorgarla.

2. **No es mi trabajo.** Scott no quiere ser mi proyecto; ¡él quiere ser el deseo de mi corazón! **Puedo orar por él, alentarlo y llorar por él, pero nunca puedo ser responsable de él.** Pedro nos recuerda que Dios es paciente, y "no quiere que nadie sea destruido, sino que quiere que todos se arrepientan" (2 Pedro 3: 9). Dios desea la salvación de mi esposo más de lo que podría imaginarse.

3. **Hazlo una prioridad.** Mis muchos roles

me llevan en muchas direcciones, y admito que a menudo he puesto mis planes por encima de las necesidades de mi marido. Scott también se sintió rechazado y solo a veces, y es importante para mí ver la vida desde su perspectiva. Es crucial estar atento a sus prioridades mientras continúo mi crecimiento cristiano. Encuentro aliento en este desafío de la Escritura: **"Que la esposa vea que respeta y respeta a su esposo [que lo nota, lo mira, lo honra, lo prefiere, lo venera y lo estima, y que lo defiende, lo alaba él, y lo ama y lo admira excesivamente] "(Efesios 5:33, Biblia amplificada).** Confío en que el Señor me ayudará a caminar por la delgada línea entre la reverencia por él y la honra a mi esposo.

4. **Respetarlo.**

Mi pastor dijo: "Dentro de cada hombre hay un rey y un niño. **El que sale es con el que hablas".** He visto mi admiración inspirar y motivar a Scott; También he visto mis palabras y mi actitud de derribarlo. **Podemos afirmar y alabar al hombre que amamos o condenar y menospreciar al niño que queremos controlar.** La falta de respeto desmoronará cualquier matrimonio y es devastador para un hombre. Las esposas en un desacuerdo espiritual pueden encontrar difícil respetar a un esposo con diferentes valores morales, pero hacerlo sentir inferior a través de una actitud de arrogancia espiritual lo hará resistir aún más a Dios.

5. ¡Ora! Un cónyuge incrédulo puede rechazar todos los esfuerzos de su esposa, pero el poder de la oración fiel es imparable. "Siempre sea feliz. Nunca deje de orar. Sea agradecida en toda circunstancia, porque esta es la voluntad de Dios para usted, que pertenece a Cristo Jesús" (1 Tesalonicenses 5: 16-18). La oración puede llegar a los maridos incluso sin su permiso.

6. **Someterse**. La Escritura insta a los hombres en matrimonios espiritualmente diferentes a seguir el ejemplo de Jesús al elegir la sumisión; "Esposas, de la misma manera, sométanse a sus maridos para que, si alguno de ellos no cree en la palabra, ellos puedan ser vencidos sin palabras por el comportamiento de sus esposas" (1 Pedro 3: 1-2, NVI))

7ª Amarlo, amar a Dios

Mi alma todavía ansía la unidad espiritual en mi relación más íntima, pero ningún cónyuge puede satisfacer lo divino que me lleva a los pies de Jesús. Si no encontramos nuestro cumplimiento en el Señor, podemos fácilmente poner expectativas poco realistas sobre nuestro esposo, ya sea que sea cristiano o no. Si permitimos que Dios lo use, un desacuerdo espiritual en el matrimonio puede ser una oportunidad para encontrar una intimidad más profunda con Dios.

"No creyente", "un yugo desigual", "desajuste espiritual": estos son todos términos poco favorecedores para un matrimonio que se divide debido a la creencia de una persona en Cristo.

Aunque nuestro matrimonio no ha sido el aspecto más fácil de mi viaje espiritual, honestamente puedo decir que crecí profundamente en la fe y la perseverancia en el campo misionero de mi matrimonio. Mi espíritu clama por que mi esposo conozca el que yo conozco, pero mi trabajo es simplemente orar, vivir el Evangelio y confiar. Sé que Dios está trabajando de una manera que nunca podría entender.[vi]

Según Susi Bixby en su blog "Orando la Biblia por mi esposo" ella enuncia una serie de estrategias que cada mujer pudiera utilizar al momento de orar por su esposo.

Sin importar los meses o años de casados que un matrimonio haya pasado, hay una gran realidad que cada pareja enfrenta en su matrimonio (casi siempre la descubren en la luna de miel). Esta realidad es que cada uno se casó con un pecador, y que la pecaminosidad de la otra persona es mayor de lo que uno había imaginado.

La reacción típica al pecado de otro es comenzar a juzgarlo y condenarlo, y luego intentar cambiarlo. Cuando Dios tuvo la misericordia de mostrarme que estaba cometiendo estos pecados en contra de mi esposo, me quedé con algunas dudas:

¿Cuál es la respuesta correcta de una esposa al hecho de que su esposo no sea perfecto? ¿Cómo puede una esposa ayudar a su esposo sin tomar una actitud incorrecta de querer forzar un cambio en él? Aunque la respuesta es amplia y variada, hay

una parte de ella que es indiscutible...

Sin importar la condición espiritual de su esposo, una esposa siempre puede y debe orar por él.

¿Hay otras cosas que puedo y debo hacer? Probablemente, sí. Esas cosas varían mucho de un matrimonio a otro, pero la necesidad de orar por nuestro esposo existe en todos los matrimonios. ¿Por qué? Porque, cuando oro, me dirijo al Creador y Diseñador de mi esposo, al Único que puede obrar una verdadera transformación en él. También oro porque la oración produce dependencia en mi propio corazón. La dependencia en Dios es necesaria para que yo deje de pensar que puedo cambiar a mi esposo por mi cuenta, o que yo conozco la mejor forma de cambiarlo.

Ahora, sigue la pregunta obvia: ¿qué orar? Si no tengo cuidado, puedo orar mal o intentar usar la oración como otro medio para seguir buscando mi propia voluntad. ¿Qué debo querer para mi esposo? ¿Qué debo pedir para él? Dios nos ha revelado su voluntad en su Palabra, y ahí podemos encontrar muchos motivos infalibles de oración. Por esa razón, te comparto algunas peticiones basadas en textos bíblicos. Oremos por nuestros esposos con la confianza de que estamos pidiendo para él lo que Dios mismo desea para él.

1.	Que sea fortalecido con poder en su hombre interior por el Espíritu Santo (Ef. 3:16).

2.	Que habite Cristo por la fe en su corazón, que su fe sea exclusiva en Cristo, y que abunde cada vez más (Ef. 3:17).

3.	Que viva principalmente para el avance del reino de Dios sobre la Tierra, empezando en su hogar y extendiéndose a su trabajo e iglesia (Mt. 28:19-20).

4.	Que ame la Palabra de Dios, dándole prioridad en su vida personal y familiar, y que esa Palabra haga una obra transformadora en su propio corazón y vida (Sal. 119:97; 2 Ti. 3:16-17).

5.	Que busque preparar a su familia para la eternidad, y no solo para ser exitosa aquí sobre la tierra (Mt. 6:19-21; Ef. 5:15-16).

6. Que tenga éxito en sus esfuerzos, según la voluntad de Dios, dándole a Él la gloria cuando así sea (Gá. 1:10).
7. Que le proteja de tentación, y de su propia carne y deseos; que Satanás no tenga victoria en su vida (Mt. 6:13; Tit. 2:12).
8. Que te ame como Cristo ama a la iglesia, no necesariamente como tú quieres ser amada. Que busque tu santificación con paciencia y amor (Ef. 5:25-30).
9. Que busque criar a sus hijos en la disciplina y amonestación del Señor, no buscando conformarlos a su propia imagen, sino a la imagen de Jesucristo (Ef. 6:4; Ro. 12:2).
10. Que tenga un testimonio de buenas obras, atrayendo a otros al Evangelio y ejerciendo influencia piadosa en las personas que le rodean (Tit. 2:7-11).

Esta lista es solo una pequeña probadita de todas las peticiones que podemos encontrar en los tesoros de las Escrituras. (Si realmente quieres aprender a orar la Biblia como un ejercicio espiritual, te recomiendo el libro escrito por Donald Whitney llamado "Orando la Biblia", publicado por B&H Español).

¡Llevemos a nuestros esposos ante el trono de la gracia, entregándolos a la obra de Dios, reconociendo nuestra propia falta de sabiduría y creciendo en dependencia absoluta de nuestro soberano Mediador Jesucristo![vii]

Para los hijos

Yo recomendaría que te sientas con tus padres y les digas que los amas, que aprecias todo lo que han hecho por ti y quieres estar seguro de que pasen la eternidad contigo.

Pregúnteles si creen que irán al Cielo, y si es así, ¿sobre qué base? Esto cortará al núcleo del problema principal: que Jesús es el único camino hacia el cielo, y nada de lo que hayan hecho puede ganarles el camino. Por el contrario, su destino predeterminado es el infierno, que todos merecemos, no el Cielo, que no merecemos.

También les diría que tampoco te impresiona la religión organizada, y se trata de Jesús, no de la religión.

Si bien puede ser incómodo, siempre te

alegrarás de haberlo hecho, sin importar cómo respondan.[viii]

Recuerda ser un hijo de acuerdo al corazón del Padre.

El hijo BUENO
El señor esta con el
1 Samuel 3:19
Conoce las escrituras
2 Timoteo 3:15
Su obediencia a los padres es agradable a Dios.
Colosenses 3:20
Participa de las promesas de Dios.
Hechos 2:39
Será bendecido
Proverbios 3: 1-4; Efesios 6: 2 Efesios 6: 3
Mostrar amor a los padres
Génesis 46:29
Obedece a los padres
Génesis 28: 7; 47:30
Atender a la enseñanza parental.
Proverbios 13: 1
Cuida a los padres
Génesis 45: 9-11; 47:12; Mateo 15: 5
Hacer alegrar los corazones de sus padres
Proverbios 10: 1; 23:24; 29:17

Honra a los ancianos
Job 32: 6 Job 32: 7
Carácter de, ilustra la conversión.
Mateo 18: 3
Es un ejemplo de un espíritu enseñable.
Mateo 18: 4

Toma tiempo para atender tus padres. Visítalos, llámalos, atiéndelos y, sobre todo, siempre que te sea posible. Ayúdalos económica y emocionalmente.

Pregúntate a ti mismo. ¿Cuándo fue la última vez que di apoyo emocional a mis ancianos? Apoyo financiero, una llamada de agradecimiento.

¡Recuerda que hijos somos y padres seremos!

Para los amigos

Hoy, me gustaría hacer un par de sugerencias para aquellos que tienen amigos que regularmente llevan a los servicios de adoración. Llevarlos a la iglesia es un gran primer paso, pero para este paso necesitas agregar algunas otras cosas para ayudar a que su fe se encienda y crezca.

1. Asegúrese de que su conducta fuera del edificio de la iglesia sea la misma que su conducta dentro del edificio de la iglesia.

Si no lo es, su mala conducta fuera de la iglesia simplemente reforzará el concepto generalizado de que los cristianos son hipócritas en la mente de su amigo.

2. Hazle saber a tu amigo que la iglesia es tu primera prioridad.

Si estás con tu amigo cuando deberías estar en la iglesia; cuando estás en lugares con tu amigo que sabes que la gente de la iglesia no debería ser; Le estás mostrando a tu amigo que la iglesia no es tan importante, que la palabra de Dios realmente no significa lo que dice. Si la iglesia es importante para usted, su amigo crecerá para respetar eso y, con un poco de suerte, también quiere que esto sea una prioridad en la vida.

3. Preocúpate por la vida espiritual de tu amigo, no solo por tu amistad.

Los verdaderos amigos quieren lo mejor el uno para el otro. Por ejemplo, si encuentra una ganga, desea compartirla. Si descubres una nueva gran canción, película, restaurante, también quieres que tu amigo la experimente.

Si Jesucristo está cambiando tu vida, transformando tu carácter, llenando tu corazón con paz, alegría, confianza, conocimiento, ¿no querrías que tu amigo tuviera todas estas cosas también?

Su amigo eventualmente descubrirá que las cosas espirituales son importantes para usted, su espíritu también necesita descubrir que su bienestar espiritual es importante para usted también.

Hay formas de demostrar esto a ellos:

Hágales saber que está orando por ellos, y está dispuesto a orar por las necesidades específicas de su vida.

Continúe invitando a su amigo a la iglesia para que se sientan cómodos aquí y comiencen a desarrollar otras amistades con los cristianos.

Ama a tu amigo con un amor cristiano que sea puro, amable, indulgente, justo y generoso. Ellos conocen a Cristo al experimentar su amor en ti.

Invita a tu amigo a estudiar la Biblia contigo. La palabra de Dios es más poderosa cuando proviene de los labios de un amigo. Es en un estudio de la Biblia con usted o usted y otra persona donde surgirán los temas clave de la salvación y su amigo será llevado al punto de la decisión de si aceptar a Cristo o no.

No es suficiente llevar a tu amigo a la iglesia; tienes que llevar a tu amigo a Cristo si quieren ser salvados.[ix]

Construye una relación primero. Conoce a tu amigo y deja que te conozcan. Ellos verán tu corazón y conocerán la sinceridad de tu testimonio.

Ser uno mismo. No intente usar palabras cristianas o expresiones espirituales. Habla con tu amigo conversacionalmente. Dile a él o ella cómo era tu vida antes de convertirte en cristiano y cómo Jesús ha hecho una diferencia en tu vida.

No seas crítico. A veces, aquellos con quienes compartimos a Cristo tienen antecedentes muy diferentes. Ora por guía sobre cómo responder a cada persona con el amor de Cristo. Recuerde que usted es simplemente un pecador que comparte el Salvador con otro pecador.

No tomes ninguna respuesta personalmente. Tú eres el mensajero y el Espíritu Santo tomará el mensaje y dará a entender a tu amigo.

Esté dispuesto a responder preguntas, pero no tema decir que no sabe la respuesta. Busque las respuestas en la Palabra de Dios a las preguntas que no conoce y comuníquese con su amigo.

Date cuenta de que no ha terminado solo porque has compartido tu testimonio. Continúe orando por su amigo y pídale a Dios que le dé entendimiento sobre lo que ha compartido. Además, pídale a Dios que le muestre formas en que puede aclarar su historia la próxima vez que le dé la oportunidad de compartirla.

 A medida que avanzas en tu semana, asegúrate de escuchar a quienes te rodean. ¿Oyes a alguien que está pidiendo el mensaje del amor de Dios en su vida? Deja que Dios te indique que le cuentes todo al respecto. Dios quiere que todos nosotros vayamos al cielo. ¿Estás escuchando a alguien que quiere saber cómo tener vida eterna? ¡Qué maravilloso escuchar![x]

7 Acciones para involucrar a los hombres en tu iglesia

Mucho se ha escrito en los últimos años sobre la falta de participación masculina y discipulado en la iglesia local. Libros sobre cómo crear atractivos servicios de adoración que son arenosos y rock-n-roll, o cómo organizar eventos de levantamiento de pesas, comer carne asada y hasta beber cerveza) "en el hombre" están en abundancia. Pero, ¿dónde están los hombres?

Uno pensaría que con el auge de la plantación de iglesias y los pastores prolíficos y los autores que abogan por un tipo de cristianismo de "hombre fuerte", veríamos una diferencia en la membresía de las iglesias jóvenes de crecimiento rápido. Pero de las experiencias mías y de muchas otras, esta tendencia de un cristianismo sin hombres no solo ha continuado, sino que ha empeorado.

Hemos hecho todo lo posible para abrir las puertas a su aceptación e implicación, pero cuando se trata de empujar, la idea de quedarse en casa viendo ESPN, diseñando un logotipo para una nueva compañía, terminando un proyecto de trabajo, o simplemente durmiendo, se convierte en la máxima prioridad.

Con esta triste realidad en mente, quiero compartir lo que creo que son las 7 acciones fundamentales que debemos tomar como líderes para involucrar exitosamente a los hombres dentro de nuestras iglesias.

Reconocerlos

En pocas palabras, la palabra "reconocer" significa admitir la existencia de algo o alguien.

Los hombres quieren ser reconocidos. Quieren creer que alguien sabe que existen y se preocupa por ellos. Ellos tienen un deseo de ser conocidos. Cuando vienen a la iglesia, van a un grupo pequeño, asisten a un evento de la iglesia, o cualquier otra cosa para el caso, están buscando que usted (pastor) y / o alguien dentro de la iglesia admita su existencia.

Esto no significa que usted personalmente necesite conocer y estrechar la mano de cada hombre en su iglesia todos los domingos. Sin embargo, sí significa que puedes y debes empoderar a los hombres que ya están dentro de tu iglesia para que entren en contacto con otros hombres.

Recuerde, en cualquier domingo dado hay hombres (jóvenes y mayores) que fueron traídos a su iglesia por sus cónyuges, una novia potencial, la música, su predicación, y muchas otras cosas. Y aunque pisaron el edificio, están esperando que lo busquen y lo reconozcan.

Bendícelos

Aunque la mayoría de los hombres no lo admitirán a menudo, desean ser bendecidos. Están ansiosos por ser sacados a una hamburguesa, invitados a

una fiesta de barbacoa o fútbol, o
simplemente recibidos en su hogar. Pero
están esperando que los invites. No van a
invitarse a sí mismos. No van a buscarlo y
preguntar si pueden ir a su casa, ir a un
evento deportivo o tomar un café en un
restaurante local. Pero dirán "sí" cuando dé
el primer paso. Y eventualmente, dirán "sí"
a ser fieles a su iglesia porque han sido
fieles en bendecirlos.

Desafiarlos

Este es un tema difícil de hablar porque
nuestra cultura ha embrutecido la
importancia y las diferencias de la
masculinidad y la feminidad. Pero la
realidad es simple y obvia, los hombres
están buscando ser desafiados. Están
buscando que se les dé algo para lograr,
algo que los desafíe.

Ahora bien, esto no significa que todos los
hombres de su iglesia quieran construir
una nueva etapa en su santuario o unirse
a un pequeño grupo que se reúna en un
gimnasio local. Significa, sin embargo, que
cada hombre en su iglesia ha sido
intrincadamente diseñado por Dios para
ser apasionado y experto en algo (¡o en

muchas cosas!). Y debido a esto, tienen un deseo innato de ser desafiados dentro del ámbito de sus pasiones y habilidades.

Por lo tanto, desafíelos con algo que los alegrará y verá resultados. Bríndeles oportunidades para triunfar y / o fracasar, y haga que rindan cuentas.

Aquí hay algunos ejemplos que he visto hacer en diferentes iglesias:

1) Desafíelos a llevar a su esposa a cenar una vez por semana durante un mes entero y enviarle por correo electrónico los beneficios de su matrimonio.

2) Desafíelos a orar con sus hijos todas las noches durante una semana y vea cómo cambia sus relaciones con sus hijos.

3) Desafíelos a renovar el ala de la iglesia para los niños y tengan un "día revelador" donde todos los niños y sus padres vean las renovaciones y conozcan a los hombres que trabajaron en su salón de clases o en el santuario de sus hijos.

4) Desafíese a crear arte, como pintura, fotos, arte gráfico y publíquelo en todo el santuario durante un fin de semana de

adoración

5) Desafíelos a abrir sus hogares y organizar actividades para los hombres dentro de sus comunidades.

Déjalos fallar

En el proceso de desafiar a los hombres en su iglesia, también es imperativo que les permita fallar. Gran parte de la razón por la cual los hombres están ausentes de la iglesia es porque están avergonzados de sus caminatas espirituales. No oran mucho, no ayudan a sus familias, no pasan tiempo leyendo sus Biblias o hablando con otros acerca de Jesús, y cuando entran a la iglesia, se sienten condenados.

No debería ser de esa manera.

Cuando le das un desafío a los hombres de tu iglesia y les permites fallar, en esencia, estás viviendo el mensaje del Evangelio para ellos. Les estás diciendo, "Sé que puedes ser grandioso. Sé que Dios te ha regalado y te ha llamado a algo enorme. ¿Y sabes qué? Si fallas, ¡está bien! Hay gracia para ti cuando te olvidas de llevar a tu esposa a cenar. Hay gracia cuando te enojas con tus hijos. Hay gracia cuando fallas en un proyecto. ¡Hay gracia para ti! "

Cuando dejas que los hombres de tu iglesia fallen, les estás permitiendo experimentar el mensaje del evangelio, que a menudo no es lo que muchos de ellos experimentan cuando entran en la mayoría de las iglesias.

Escúchalos

Todos los hombres tienen algo que decir. Y no, no estoy hablando de quejas sobre qué tan fuerte es la música los domingos, o qué tan aburridos han sido tus sermones recientemente. Más bien, cada hombre tiene alegrías, preocupaciones, quejas, fuertes heridas pasadas, oportunidades, etc., moviéndose dentro de sus corazones, pero muchos de ellos no tienen ninguna salida por la cual puedan compartir estas cosas.

A menudo tienen un puesto en su trabajo en el que no pueden decir lo que piensan, y cuando están en casa, se sienten incómodos compartiendo lo que está pasando en sus corazones con sus cónyuges o amigos por temor a ser visto como un fracaso. Sin embargo, muchos están dispuestos a hablar con un líder en el que confían y con el que han establecido una relación. Y es nuestra vocación escucharlos y escucharlos.

Dicho esto, no espere que la mayoría de los hombres comiencen a confiar en usted y en su iglesia para establecer un momento para la "consejería" o una reunión personal de inmediato. Esto es a menudo demasiado incómodo para ellos. Por el contrario, espera pasar tiempo con ellos en un ambiente relajado y aprovechar esa oportunidad para hacer preguntas puntiagudas. Puede tomar tiempo, pero créanme, eventualmente disfrutarán su disposición a pasar tiempo con ellos, hacer preguntas y escuchar genuinamente.

Recuerde, la mayoría de los hombres no tienen una salida para que alguien los escuche. Así que sea proactivo en la creación de espacio para la conversación, y regocíjense en las pequeñas ganancias.

En una nota al margen, cuando comparten sus pensamientos sobre la iglesia, su liderazgo o sus puntos de vista sobre Dios y el cristianismo, tomen nota. Estos son recursos invaluables para aprender.

Ora con ellos

Cuando se reúna con un hombre de su iglesia o si se le acerca durante un servicio dominical o una reunión de un grupo pequeño, tómese el tiempo para orar con él. Aproveche la oportunidad, sin importar las circunstancias, para permitirle escuchar su amor por Jesús y ofrecerle tiempo para que ore también.

Muchos de los hombres de tu iglesia nunca han visto el cristianismo modelado por un líder masculino piadoso. Además de escuchar a usted u otro predicador orar antes de sus sermones, es posible que nunca escuchen a otro hombre orar en voz alta. Pero cuando pasas tiempo orando con ellos, comenzarán a ver que una relación íntima con Cristo no solo es saludable, sino también la relación más grande en el mundo. Experimentarán compañerismo con otro hombre que a menudo no se encuentra en relaciones fuera de la iglesia. Y, en última instancia, cuando ores con los hombres de tu iglesia, se los alentará a pasar tiempo orando con otros también, incluidas sus esposas e hijos y por encima de todo;

Dirígelos al Padre

Todo hombre necesita un padre. Todo hombre anhela el amor, la aceptación y la aprobación de un padre. Pero en la mayoría de las situaciones, los hombres que entran a su iglesia no tienen padre, tanto espiritual como literalmente. Nunca han experimentado la gracia amorosa de un padre terrenal y, debido a esta ausencia, luchan por comprender el profundo vacío que sienten por un Padre espiritual o celestial también.

Por lo tanto, por encima y más allá de cualquier otra "acción" discutida en esta publicación, su objetivo debe ser dirigidos al Padre. Llevarlos a Cristo Jesús. guíelos al mensaje del evangelio que dice que son hijos ungidos el Padre más perfecto y amoroso del universo. Recuérdeles en cada oportunidad que tenga que Dios los ama, se enorgullece de ellos y ha hecho todo lo posible para estar cerca de ellos.

Incluso los hombres más duros y no emotivos de su iglesia necesitan escuchar que Dios se deleita en ellos, que les apasiona la vida y que desea lo mejor para ellos y sus familias. Ellos necesitan escuchar esto. Ellos necesitan ver esto. Y necesitan encontrar esto mientras están contigo y en tu iglesia. Porque sin él, simplemente se unen a un club social que no satisfará los anhelos más profundos de sus corazones. [xi]

Lucas 14 Parábola del gran banquete

15 Al oír esto, uno de los que estaban sentados a la mesa con Jesús le dijo:

—¡Dichoso el que coma en el banquete del reino de Dios!

16 Jesús le contestó:

—Cierto hombre preparó un gran banquete e invitó a muchas personas. **17** A la hora del banquete mandó a su siervo a decirles a los invitados: "Vengan, porque ya todo está listo". **18** Pero todos, sin excepción, comenzaron a disculparse. El primero le dijo: "Acabo de comprar un terreno y tengo que ir a verlo. Te ruego que me disculpes". **19** Otro adujo: "Acabo de comprar cinco yuntas de bueyes, y voy a probarlas. Te ruego que me disculpes". **20** Otro alegó: "Acabo de casarme y por eso no puedo ir". **21** El siervo regresó y le informó de esto a su señor. Entonces el dueño de la casa se enojó y le mandó a su siervo: "Sal de prisa por las plazas y los callejones del pueblo, y trae acá a los pobres, a los inválidos, a los cojos y a los ciegos". **22** "Señor —le dijo luego el siervo—, ya hice lo que usted me mandó, pero todavía hay lugar". **23** Entonces el señor le respondió: "Ve por los caminos y las veredas, y oblígalos a entrar para que se llene mi casa. **24** Les digo que ninguno de aquellos invitados disfrutará de mi banquete".

Esta parábola nos ayuda a ver la inmensa gracia de Dios a todos los que reciben su llamado para ser parte de los invitados a la gran cena de las bodas del Cordero, como lo expresa Apocalipsis 19:9 "Y el ángel me dijo: Escribe: Bienaventurados los que son llamados a la cena de las bodas del Cordero. Y me dijo: Estas son palabras verdaderas de Dios", con estas hermosas palabra de Dios en nuestras vidas, debemos ver más profundo en la verdad revelada en su Hijo Jesús.

Muchos son llamados pero pocos los escogidos(Mateo 22:14) a esta gran cena. En el versículo 15 del texto, uno de los que estaba sentado con Jesús cenando, le dijo: "Bienaventurado el que coma pan en el reino de Dios", entonces Jesús comenzó a contar una historia sobre una gran fiesta, y les dijo que un hombre preparó un gran banquete de bodas, y envío a su siervo con las invitaciones a los invitados, pero todos comenzaron a dar excusas, como " Acabo de comprar un terreno y debo verlo", " He comprado cinco yuntas de bueyes y voy a probarlos", " Acabo de casarme, y no puedo ir", hasta aquí vemos la siguiente ilustración, el siervo del versículo 17 son los que predican el evangelio de Cristo, es decir, son embajadores de la palabra de Dios, y siguen las instrucciones precisas del amo(Dios), para que los invitados vengan a la gran Boda que se hará para que disfruten del gran banquete, pero para llegar a la Boda era necesario ir por el único camino que es por medio Cristo, estos invitados prefieren seguir en sus actividades y despreciaron la gran invitación que viene de parte de Dios de dejar todo lo que consideraban más importante en sus vidas, y algunos pueden enumerar muchas excusas para no seguir a Cristo, pues se sienten cómodos y autosuficientes con la vida que llevan, y no logran ver la gran necesidad de dejarlo todo por Él, ese "dejar lo que estás haciendo para venir a la boda" significa arrepentimiento de los pecados delante de Dios, y si sigues dando excusas a Dios, tu tiempo se acabará. Cuando el siervo del Señor le contó todo lo que sucedió, entonces le dio una nueva instrucción en el versículo 21, que buscara por las calles y callejones a los lisiados, a los ciegos, y a los cojos, después que el siervo llevó a todos los que encontró, y le dio el informe a su Señor, el amo dijo:

"Ve por los arbustos y a cualquiera que veas, insísteles para que vengan y la casa este llena". En estos versículos Dios nos llama a que sigamos buscando a aquellos de los cuales el Señor quiere llenar su casa, para que disfruten del que gran banquete que nos tiene preparado en los cielos, pero reflexionemos no debemos comportarnos como los primeros invitados que despreciaron la palabra de Jesús con excusas, por estar tan ocupados en sus vidas. Es cierto que la parábola ilustra la palabra de Dios para el pueblo judío y gentil, pues Jesús les predico a los judíos primeramente, pero noten como es tan serio con lo que cierra esta parábola en el versículo 24, en la versión NTV*, " Pues ninguno de mis primeros invitados probará ni una migaja de mi banquete", pensemos sobre esta exhortación para que vivamos una vida para Dios, pues estamos viviendo tiempos donde la palabra esta siendo predicada, pues cada día que avanza se incrementa la maldad en la tierra, llevemos una vida santa y piadosa delante de Dios, para ser multiplicadores del evangelio de Cristo.(Elaborado por Pr. Jair Sánchez O.)

Cada caballero hace un listado de estos caballeros lo más claro posible y lo comparte con la directiva. La directiva hace un listado general para saber cuándo y en qué momento es más importante.

Estos caballeros están en todas partes. Están en los hogares, en el hospital, en los bares, en las calles, en los negocios, en el supermercado, en las oficinas públicas, en las escuelas, en las universidades, en el parque, en las cárceles, en los centros de diversión, oficinas generales, en tu vecindario, tu edificio, y en muchos lugares más. Anímate y busca. Muchos de los caballeros se repiten. NO importa. Ponlos dos veces.

Listado de hombres

1. 10 caballeros familiares
2. 10 caballeros de negocios
3. 10 caballeros con embarazadas
4. 10 caballeros profesionales
5. 10 caballeros casados
6. 10 caballeros padres solteros
7. 10 caballeros con hijos pequeños
8. 10 caballeros con hijos adolescentes
9. 10 caballeros abuelos
10. 10 caballeros viudos
11. 10 caballeros con alguna perdida en sus familias
12. 10 caballeros que son divorciados
13. 10 caballeros con enfermedades
14. 10 caballeros con hijas
15. 10 caballeros con hijos
16. 10 caballeros con madres
17. 10 caballeros recién paridos
18. 10 caballeros emprendedores
19. 10 caballeros de ministerio fuera de nuestra congregación

20. 10 caballeros que son cercanos a mi (amigos)
21. 10 caballeros de la calle (drogas, sin hogar, etc.)
22. 10 caballeros personalidades públicas.
23. 10 caballeros en el gobierno local
24. 10 caballeros en pecado sexual
25. 10 caballeros con hijos especiales
26. 10 caballeros enfermos o en hospitales
27. 10 caballeros con problemas delictivos (presos o no)
28. 10 caballeros en hogares de ancianos
29. 10 caballeros que viven solos
30. 10 caballeros con hijos discapacitados

❖ 10 caballeros familiares

Nombre	Dirección	Teléfono	Notas

❖ 10 caballeros de negocios

Nombre	Dirección	Teléfono	Notas

❖ 10 caballeros con embarazadas

Nombre	Dirección	Teléfono	Notas

❖ 10 caballeros profesionales

Nombre	Dirección	Teléfono	Notas

❖ 10 caballeros casados

Nombre	Dirección	Teléfono	Notas

❖ 10 caballeros padres solteros

Nombre	Dirección	Teléfono	Notas

❖ 10 caballeros con hijos pequeños

Nombre	Dirección	Teléfono	Notas

10 caballeros con hijos adolescentes

Nombre	Dirección	Teléfono	Notas

❖ 10 caballeros abuelos

Nombre	Dirección	Teléfono	Notas

❖ 10 caballeros viudos

Nombre	**Dirección**	**Teléfono**	**Notas**

❖ 10 caballeros con alguna perdida en sus familias

Nombre	Dirección	Teléfono	Notas

❖ 10 caballeros que son divorciados

Nombre	Dirección	Teléfono	Notas

❖ 10 caballeros con enfermedades

Nombre	Dirección	Teléfono	Notas

❖ 10 caballeros con hijas

Nombre	**Dirección**	**Teléfono**	**Notas**

❖ 10 caballeros con hijos

Nombre	**Dirección**	**Teléfono**	**Notas**

❖ 10 caballeros con madres

Nombre	Dirección	Teléfono	Notas

❖ 10 caballeros recién paridos

Nombre	Dirección	Teléfono	Notas

❖ 10 caballeros emprendedores

Nombre	**Dirección**	**Teléfono**	**Notas**

❖ 10 caballeros de ministerio fuera de nuestra congregación

Nombre	Dirección	Teléfono	Notas

❖ 10 caballeros que son cercanos a mi (amigos)

Nombre	Dirección	Teléfono	Notas

❖ 10 caballeros de la calle (drogas, prostitución, sin hogar, etc.)

Nombre	Dirección	Teléfono	Notas

❖ 10 caballeros personalidades públicas

Nombre	Dirección	Teléfono	Notas

❖ 10 caballeros en el gobierno local

Nombre	Dirección	Teléfono	Notas

❖ 10 caballeros en pecado sexual

Nombre	Dirección	Teléfono	Notas

❖ 10 caballeros con hijos especiales

Nombre	Dirección	Teléfono	Notas

❖ 10 caballeros enfermos o en hospitales

Nombre	**Dirección**	**Teléfono**	**Notas**

❖ 10 caballeros con problemas delictivos (presos o no)

Nombre	**Dirección**	**Teléfono**	**Notas**

❖ 10 caballeros en hogares de ancianos

Nombre	Dirección	Teléfono	Notas

❖ 10 caballeros que viven solos

Nombre	Dirección	Teléfono	Notas

Bibliografía y Consulta

---

i ©Edurne Mencia 2011. Todos los derechos reservados. Usado con permiso

ii http://churchformen.com/

iiihttps://maninthemirror.org/2018/01/14/building-strong-mens-ministry-part-2-five-types-men-must-prepared-reach/

iv David Murrow en su serie de libros sobre hombres

v Tom Elliff is senior vice president of the International Mission Board, Southern Baptist Convention

vi Kathy Cordell is a writer, speaker, life coach, and ministry leader who lives in Cheyenne, Wyoming, with her husband, Scott. They have two adult children and two grandchildren. Connect with her at http://www.FreedomSteps.org.

vii Publicado originalmente en Palabra y Gracia: http://palabraygracia.com/orando-la-biblia-por-mi-esposo/

viii

Randy Alcorn (@randyalcorn) is the author of over
 fifty books and the founder and director of Eternal Perspective Ministries.

ix https://bibletalk.tv/bringing-your-friend-to-christ

x http://www.theencouragingword.org/lead-a-friend-to-jesus

xi https://pastors.com/7-actions-engage-men-church/

144